AF250629

LETTRES

A M. LE COMTE DE***,

OU

RÉFUTATION

DES CALOMNIES RÉPANDUES CONTRE MOI.

Insurrexerunt in me iniqui, et mentita est iniquitus.

YVETOT,

De l'Imprimerie de Nᵈ BESCHE, Imprimeur de la Sous-Préfecture.

1815.

le 20 Août 1815.

A Monsieur le Comte de ***.

Monsieur le Comte,

Vous m'imposez une tâche assez pénible à remplir, et vous m'exposez à réveiller de bien douloureux souvenirs. Fort de ma conscience, et satisfait de l'estime des hommes qui ne condamnent pas, sans entendre, et qui ont su apprécier, comme vous, mes sentimens et ma conduite, dans les tems les plus difficiles et les plus orageux, je m'étais imposé un profond silence sur les inculpations calomnieuses dirigées contre moi, et je voulais abandonner mes ennemis et mes persécuteurs à leurs regrets et à leurs remords, s'ils sont capables d'en éprouver aucuns. Mais vous prétendez que je dois justifier l'intérêt que je suis jaloux d'inspirer aux Magistrats qui vous ressemblent, et vous désirez que je m'explique franchement, 1° sur les reproches qu'on se plaît à me faire d'une tergiversation honteuse dans mes opinions politiques ; 2°. sur les moyens que j'ai employés, pour concilier toutes les convenances de mon ancien état, avec l'exercice non interrompu, pendant plus de vingt années, de fonctions purement civiles ; 3°. enfin, sur l'influence que j'ai pu avoir dans les événemens, aussi malheureux qu'imprévus, qui ont eu lieu à Cany le 26 Juin dernier.

Je me fais un devoir, M. le Comte, de me conformer à vos intentions, et de suivre le cadre que vous avez tracé vous-même. Je dirai la vérité toute entière, et j'en écarterai, autant qu'il sera possible, tous les accessoires qui pourraient la rendre importune, désobligeante et amère.

...clama-
...on et
...culaire.

Le véritable esprit de l'Administrateur est presque toujours empreint dans les actes publics qui émanent de son administration, sans rétrograder vers des temps trop éloignés, et sans dépasser l'heureuse époque qui a replacé la France sous son ancienne égide, Je ne crains pas d'avancer que les principes qui m'ont constamment dirigé, sont suffisamment établis et développés dans mes Circulaires des 9 et 25 Avril, 1er. Juin, 16 Novembre, 21 et 31 Décembre 1814, 9, 15, 25 Mars, 22 Mai et 11 Juillet 1815. Jamais je ne me suis écarté des sentimens de respect, de vénération et d'amour que tous les Français doivent au meilleur des Rois, que j'ai servi avec autant de dévouement et de fidélité que les gouvernemens qui ont précédé son règne. Si quelques productions particulieres semblent mériter une juste improbation et une légitime censure, c'est qu'il est presqu'impossible, dans des circonstances délicates et critiques, où la précipitation des mesures ordonnées ne laisse pas le choix des moyens, d'éviter entièrement la teinte, l'esprit et le cachet des instructions transmises par les autorités supérieures.

Je crois appercevoir, dans la solitude où je rédige ce rapport, le sourire sardonique de certains individus, accoutumés à confondre les surfaces avec les solides, et à ne considérer les événemens, les hommes et les choses, qu'à travers le prisme mensonger de leurs illusions et de leurs préventions particulieres. J'entends ces prétendus aristarques m'opposer, du ton dont on proclame une victoire assurée et incontestable, une production trop fameuse, dont mes ennemis ont si perfidement abusé, et qui fut cependant aussi étrangère à ma plume, qu'à mes intentions et à mon cœur.

Toutes les communes de cet arrondissement ont retenti d'une proclamation, publiée le 28 Avril dernier, au nom du Comité d'organisation de la garde nationale, et sur laquelle mon nom est inscrit en premiere ligne des autres signataires. Cette proclamation présente, avec ma circulaire du 9 Mars précédent, dont la publicité exigeait alors quelque courage, et dont je m'honore d'être le SEUL auteur; un contraste frappant de principes politiques qui a dû nécessairement affaiblir, dans l'esprit d'un grand nombre de personnes que les apparences ont abusées, une partie des droits que je suis jaloux de conserver dans leur estime.

Pour concilier, avec ma réputation et mon honneur, les égards que je devais à d'anciens coopérateurs, il m'a fallu dévorer momentanément toute l'amertume d'une censure imméritée, afin d'éviter l'inconvenance d'un désaveu prématuré, que devait légitimer l'autorisation spéciale d'un collaborateur qui m'a souvent secondé, de son expérience et de ses talens, dans le cours d'une longue et pénible administration. Cette autorisation vient de me parvenir ; elle porte la date du 12 de ce mois, et contient les dispositions suivantes :

» J'apprends, avec peine, que des détrac-
» teurs s'obstinent à vous accuser d'avoir ré-
» digé la proclamation du 28 Avril dernier,
» publiée par le Comité d'organisation de la
» garde nationale de l'arrondissement d'Yvetot.
» Moi, qui, à cette époque, vous remplaçais
» au comité, et qui sais pertinemment tout ce
» qui s'est passé à ce sujet, je suis prêt à té-
» moigner, envers qui il appartiendra, et
» contre vos accusateurs, quels qu'ils soient,
» que vous n'êtes point l'auteur de la procla-
» mation ci-dessus ; que vous n'avez participé
» en rien à sa rédaction ; que vous avez même
» marqué beaucoup de répugnance à y voir
» apposer votre signature, et que les circons-
» tances délicates où vous vous trouviez,
» comme fonctionnaire public, à cette époque,
» m'ont paru seules vous y déterminer. Ce sont
» des faits dont j'ai la connaissance la plus
» positive, et dont je me fais un devoir de
» faire hommage à la vérité».

Je n'ajouterai à cette déclaration, qui doit convaincre les plus incrédules, qu'une seule observation. Je n'ai point souscrit la minute de la proclamation du Comité, du 28 Avril ; je l'improuvai formellement, à la premiere lecture qui m'en fut donnée, et mon nom n'a été envoyé à l'Imprimeur que pour déférer au vœu du Comité, dont j'étais le Président de droit, désigné par le réglement du 10 avril dernier.

5

J'aurais désiré, M. le Comte, pouvoir vous épargner des détails qui vous paraîtront peut-être fastidieux et prolixes, mais dont le développement peut trouver son excuse dans la bienveillance dont vous m'honorez, et dans la position particuliere où je me trouve placé. Je serai plus précis, en traitant l'article qui concerne mon ancien état, et qui ne présente qu'un bien médiocre intérêt.

Je me glorifierai toujours d'avoir appartenu à l'Ordre des *Bénédictins*, dans lequel on m'a trouvé digne d'enseigner, à vingt-quatre ans, la rhétorique et les belles-lettres. Des individus, plus passionnés que scrupuleux, qui me félicitaient, il y a peu d'années, de mon ancienne qualification, me signalent aujourd'hui comme un Ecclésiastique qui a abandonné le sanctuaire et rempli, sans qualité, divers emplois civils. Je n'ai qu'une seule réponse à faire à ces frivoles allégations, et vous la trouverez vraisemblablement positive et péremptoire.

Appelé à Paris, pour mes fonctions, il y a environ dix ans, j'ai obtenu, par le crédit d'un Prélat recommandable, un bref de sécularisation du Saint-Père, qui porte la date du 29 Novembre 1805, et qui m'a été notifié par décret exécutorial de Monseigneur le Cardinal-Archevêque de Rouen, le 10 Décembre de la même année. J'ai eu occasion de vous communiquer, M. le Comte, ainsi qu'à plusieurs fonctionnaires et propriétaires distingués, cet indult, dont je suis porteur, ainsi que la correspondance de M. le Cardinal CAPRARA et de M. l'abbé *Baton*, Grand-Official, qui a précédé et suivi la délivrance et la promulgation d'un acte qui constate évidemment que j'ai su respecter les convenances de mon ancien état, en rendant au chef supérieur de la chrétienté un légitime et respectueux hommage. Ceux qui cherchent aujourd'hui à m'imputer des torts chimériques et des délits imaginaires, n'ignorent pas que j'ai traversé toute la révolution, sans en approuver les excès et sans en partager les écarts. Peut-être même ces personnes sont-elles du nombre de celles que j'ai eu le bonheur de soustraire à la fureur des démagogues et aux persécutions des anarchistes !. . . . . - Mais la reconnaissance est un fardeau si pénible, que le bien que l'on fait à ses semblables, est presque toujours le germe qui produit tant d'ingrats.

J'abuse de votre complaisance, M le Comte, et j'oublie que la concision est la premiere qualité épistolaire. Je remettrai donc à un second rapport, le détail des malheureux événemens de Cany, si étrangement dénaturés par la prévention et la malveillance. Je n'examinerai point s'il est dangereux de présenter ces événemens sous leur véritable point de vue, quand toutes les ambitions sont en mouvement, toutes les passions en effervescence, tous les esprits en fermentation ; quand tous les partis sont, pour ainsi dire, sous les armes ; quand toutes les haines semblent s'être fortifiées de tant d'espérances trahies et de tant d'espérances nouvelles. J'exposerai fidèlement les faits, et je me flatte, M. le Comte, que ma conduite, dans cette circonstance, vous paraîtra celle d'un fonctionnaire, ami de l'ordre et du Roi, qui désirait prévenir les dangers d'une mesure, aussi irré-

fléchie dans sa conception , que funeste dans ses
résultats , et que vous reconnaîtrez toujours ce
vieux et fidèle serviteur qui , depuis plus de vingt
ans , croit avoir rempli loyalement ses devoirs
et ses fonctions.

Je suis avec un respectueux attachement ,

M. LE COMTE,

Votre très-humble et très-affectionné
serviteur ,

L'ex-Sous-Préfet de l'arrondissement d'Yvetot,

Legrand.

••••••

30 Août 1815.

M. le Comte,

JE n'ai point perdu de vue mes engagemens ,
et je m'empressé de les remplir.

Dans les crises politiques, les intentions les
plus pures ne peuvent préserver l'homme en
place des atteintes de la haine , de la jalousie
et de la malignité. J'en ai fait la cruelle épreuve
dans la malheureuse affaire de Cany , qui a servi
de prétexte au déchaînement de toutes les
passions et au débordement des plus odieuses
et des plus attroces calomnies.

Compromis dans mon état, dans mon honneur ;
en bute à la persécution la plus imméritée ;
publiquement chargé du poids d'une inculpation,
aussi fausse que contraire à mon caractère bien
connu , je dois repousser une accusation trop

légèrement accueillie par des personnes dont l'estime m'est chère, et les convaincre qu'elles ont eu tort de condamner, sans l'entendre, un fonctionnaire qui, depuis vingt-cinq ans, n'a cessé de mériter l'estime de ses supérieurs et la confiance de ses administrés.

On m'impute d'avoir fait attaquer, par une force armée, dite *colonne mobile*, stationnée dans l'arrondissement, une société d'habitans de Saint-Valery, qui venaient seulement fraterniser avec ceux de Cany, célébrer ensemble l'heureux retour du Roi, et d'avoir fait périr le sieur *Rigouli fils*, qui a, en effet, dans cette fatale journée, succombé victime de son imprudence. Je vais ici rétablir les faits, d'après les titres officiels et authentiques qui sont dans mes mains, et j'ai lieu de penser que ceux même qui ont poussé contre moi des vociférations, dont j'ai été la victime, rougiront de leur injustice ou de leur crédulité.

Le 25 Juin dernier, je reçus, par la poste, sur les neuf heures du soir, une lettre de M. le Préfet, qui me mandait, » qu'il était informé » que le drapeau blanc était arboré à Saint-» Valery, me chargeait, *sous ma propre res-» ponsabilité*, de prendre les mesures néces-» saires pour y maintenir l'ordre ». Ce Magistrat, en m'observant, » *qu'il voyait, avec peine, mon* » *arrondissement être le premier à troubler la* » *tranquillité publique*», me prévenait en même-tems que M. *d'Utinger*, Colonel, Aide-de-camp de M. le Général Comte *Lemarois*, se rendait à Yvetot, pour y prendre le commandement de la force armée, et me prescrivait de le secon-der, pour prévenir toute espèce de *provocation* et arrêter les *perturbateurs*. Ce Colonel décida que la colonne mobile, à laquelle je ne donnai ni requisition, ni ordre, serait le lendemain dirigée sur Saint-Valery, et afin d'y rétablir plus facilement le bon ordre, sans commotion, je pris le parti de l'y devancer, pour y parler, ainsi que je l'ai toujours fait, le langage de la loi, de la prudence et de la paix.

Observez bien, M. le Comte, que, jusques-là, il n'est encore nullement question de l'incursion de Cany. Dans la nuit du 25 au 26 Juin, sur les quatre heures du matin, un Gendarme d'ordonnance m'apporta des dépêches des autorités de Cany, portant la date du 25, dix heures et demie du soir, qui me mandaient » qu'un » attroupement armé de *trois à quatre cents* » *hommes*, devait venir, de Saint-Valery et » communes voisines, à Cany, pour y arborer » le drapeau blanc, etc. et me conjuraient de » leur envoyer tout ce qu'il y avait de force » disponible en cavalerie et infanterie » . . . Je m'empressai de communiquer ces lettres à M. le Colonel *d'Utinger*, qui, persistant dans son dessein de se rendre, dans le jour, à Saint-Valery, arrêta qu'il prendrait la route de Cany, avec toute la troupe qui était sous ses ordres. Je crus devoir adopter les mêmes erremens. Je traçai au Commandant l'itinéraire que la colonne devait suivre, et que, par je ne sais quelle fatalité, elle n'a point observé. J'expédiai rapidement ma correspondance la plus urgente, et je partis en voiture, à neuf heures du matin, pour aller à Cany, où je devais précéder la force armée de plus d'une demi-heure, si les dispositions que j'avais prescrites eussent été fidèlement exécutées.

La colonne mobile était partie d'Yvetot ,
le 26 Juin, à sept heures. Ne voulant pas qu'elle
arrivât avant moi, j'avais prescrit aux gendarmes
qui la dirigaient et qui connaissaient les localités,
de passer par Ourville , et de m'attendre , si je
ne la devançais pas, entre le château et le bourg
de Cany. Par cette disposition , j'étais certain
d'entrer , avant la force armée , dans la commune de Cany , et d'engager les habitans de
Saint-Valery , s'ils y étaient réellement , (car
je croyais difficilement au rassemblement
annoncé , et j'étais loin d'en prévoir la force
et les élémens), à se retirer paisiblement , à
renoncer à des prétentions que condamnaient
les réglemens et les lois , et à prévenir ainsi ,
par la voie de la persuasion et de l'autorité ,
toute rencontre , toute agression et toute voie
de fait entre les deux partis. Un malentendu
dérangea toutes mes mesures. En sortant
d'Yvetot, les Chefs de la colonne mobile appri-
rent qu'à Hautot-Saint-Sulpice, commune située
à un myriamètre de cette dernière ville, quelques troubles avaient eu lieu, à l'occasion du
drapeau blanc, trop précipitamment arboré dans
cette paroisse. On leur dit , en même temps ,
que cette route , quoique la moins fréquentée,
était la plus courte pour aller à Cany ; ils la
prirent. Rien de fâcheux n'eût lieu à Hautot-
Saint-Sulpice ; mais il résulta de ce changement
d'itinéraire , que la force armée arriva à Cany
par Bosville, et se trouva, au haut de ladite
ville , du côté de la route qui tend à Saint-
Valery , une heure avant l'époque où elle fût
arrivée , si elle eût suivi le chemin indiqué par
le bas de Cany et fût restée, selon la recom-

mandation expresse que j'en avais faite, stationnaire dans les avenues du château. (1) Prête à entrer, la colonne entendit le tambour, apperçut un drapeau blanc et marcha de ce côté. La troupe de Saint-Valery se retirait, ayant été plusieurs fois avertie de l'approche de la colonne. Mais celle-ci avança toujours, pour rejoindre les autres. M. le Maire de Cany se jetta au-devant de la colonne, suspendit même la marche des Chefs. Mais les hommes à cheval, en faisant en avant un mouvement sur les flancs, parurent atteindre et menacer les habitans de Saint-Valery. La rixe s'engagea; tous les Officiers de la colonne déclarent que le sieur *Rigoult fils*, tira *le premier* sur ladite colonne; il fut frappé à mort, plusieurs autres furent blessés : douze furent arrêtés, le reste jetta ses armes, prit la fuite et s'échappa.

Cependant j'approchais de Cany par la route d'Ourville. Je n'entendis rien ; je m'arrêtai entre le château et Cany : surpris de n'y pas trouver la colonne mobile, je l'attendis quelques temps. M. *Cousture*, informé de mon arrivée, vint au-devant de moi, m'annonça la cruelle catastrophe qui venait de se passer et me vit partager toute la douleur dont lui-même me parut pénétré. Je fus à la prison, voir particulièrement M. *Victor Rigoult*, l'un des

____

(1) Cette narration, à partir de ces mots : *PRÊTE A ENTRER*, jusqu'à la fin de *l'alinéa*, ne repose que sur les rapports faits au Sous-Préfet par les Chefs de la colonne et d'autres particuliers. Comme il n'y était pas, il n'a pu voir, par lui-même, comment s'est passée cette triste scène.

détenus et dont le sort m'affligeait ; je lui offris les consolations que sa position pouvait exiger. Il me reçut poliment, mais en déployant encore toute l'exaspération dont il était rempli.

En me transportant dans la maison d'arrêt, je le dis avec vérité, j'avais le désir sincère de pouvoir rendre de suite, à la liberté et à leurs familles, des hommes estimables, que j'ai toujours signalés comme plus imprudens que coupables, et en faveur desquels je n'ai cessé de réclamer toute l'indulgence des autorités supérieures. Je jouissais idéalement de la reconnaissance des détenus, que je savais être, pour la plupart, d'intéressans pères de familles, lorsque j'appris qu'ils étaient écroués par ordre de M. le Juge de Paix. Je crus devoir respecter les droits et les attributions judiciaires, et je rendis compte sur le champ, à M. le Préfet, de tout ce qui s'était passé, en invoquant sa bienveillance et en demandant ses ordres. M. le colonel *d'Utinger* fit également, par le même courrier, son rapport à M. le général *Lemarois*. Le Magistrat et le Guerrier répondirent tous deux, le 27 Juin, que » puisque la justice était » saisie, il fallait lui laisser un libre cours. «

Le soir du même jour 26 Juin, je me transportai à Saint-Valery. J'empêchai toute espèce de troubles, de représailles et d'arrestations, notamment des fils de deux Maires qui avaient été spécialement remarqués dans l'attroupement de Cany. Le lendemain je fis publier une proclamation dans laquelle je disais aux habitans de Saint-Valery » qu'ils avaient pris inconsidé-» rément, sur des événemens, qu'ils devaient » attendre avec résignation et avec calme,

» une initiative condamnable dont ils n'avaient
» su ni calculer ni prévoir les dangéreux ré-
» sultats ; que la modération et l'obéissance
» aux lois étaient les premiers devoirs des
» citoyens ; que leurs Magistrats devaient être
» leurs seuls régulateurs et leurs seuls guides ;
» qu'ils se livraient eux-mêmes à tous les dé-
» sordres des dissentions civiles et à toutes les
» calamités de l'anarchie, toutes les fois qu'ils
» s'écartaient de ces principes et qu'ils
» déviaient du sentier du devoir et des lois,
» etc., etc. «

Voilà le narré exact et fidèle, du moins en
tout ce qui me concerne, de cette funeste
journée, de cette journée qui ne m'a causé
aucuns remords, mais qui m'a inspiré les plus
vifs regrets et m'a fait répandre des larmes
bien amères. Tous ceux qui me connaissent
et me fréquentent en ont été les témoins.

Je devrais peut-être terminer cette lettre,
déjà trop étendue, en observant que je n'ai
été informé de la démarche des habitans de
Saint-Valery, ni par l'autorité locale qui, en
me témoignant sa douleur de ce funeste événe-
ment, m'a mandé, le 28 Juin, qu'elle ignorait
que le rassemblement fut si nombreux et armé,
ni par la police, ni par qui que ce soit ; et que
je n'ai rien fait, dans cette fâcheuse circonstance, qui n'ait été prescrit et approuvé par
l'autorité supérieure. Les détails où je suis
entré démontrent évidemment que j'étais loin
d'avoir les intentions affreuses qu'on m'a prêtées,
par une infâme inculpation, où la méchanceté
se décèle dans toute son attrocité.

Croiriez-vous, M. le Comte, que lorsque je

cherchais à adoucir et terminer la captivité des détenus de S.-Valery ; lorsque je leur tendais, dans les prisons, une main consolatrice ; lorsque je plaidais constamment leur cause dans tous mes rapports, qu'on peut aisément se procurer à la Préfecture, on avait l'audacieuse impudeur de me signaler comme un *brigand*, comme un *assassin public*, sur l'assertion d'une personne à qui j'aime mieux supposer une mémoire infidèle, qu'un cœur méchant et dépravé. On a osé faire dire à M. le général Lemarois, qu'il avait fait enlever les détenus d'Yvetot à Rouen, pour leur propre sûreté, *parce que je les aurois fait égorger* . . . . . La plume m'échappe des mains en transcrivant cet infâme propos, et, sans le respect dû au malheur, j'en aurais traduit l'auteur devant les tribunaux. Je me borne à publier, pour le moment, la lettre que m'a écrite, le 18 Juillet dernier, M. le Général, Comte Lemarois, et qui contient les dispositions suivantes :

Monsieur LE SOUS-PRÉFET,

» J'ai reçu la lettre que vous m'avez fait
» l'honneur de m'écrire le 18 Juillet, au sujet
» des propos que vous me dites être tenus par
» la dame veuve *Dupuis*, relativement aux
» personnes arrêtées par suite de l'affaire de
» Cany.

» Je m'étonne de ce qu'un Administrateur,
» rempli de bon sens comme vous, ait pu
» ajouter foi à de pareils discours, qui ne peu-
» vent être dictés que par la passion ou l'esprit
» de parti.

» Je me suis borné à dire à la dame *Dupuis*,
» qne je pensais qu'il était de l'intérêt des dé-
» tenus d'être conduits à Rouen, parce que
» s'ils fussent restés à Yvetot, il était à craindre
» que leurs partisans ne tentassent quelque
» coup pour les délivrer, et qu'alors leur sort
» pouvait devenir plus rigoureux.

» Je ne sais si cette dame a mal compris mes
» expressions, ou si, de gaieté de cœur, elle
» veut se venger sur vous de ce qui est arrivé
» à Cany ; mais il est bien certain que l'on ne
» peut vous en vouloir aucunement à ce sujet,
» et que je serai toujours le premier à rendre
» justice à vos intentions et à votre conduite, etc.

Signé, Cte. LEMAROIS.

En parcourant, M. le Comte, ces douloureux
détails, vous plaindrez un vieux Administrateur qui, pendant vingt-cinq ans, a porté le
poids de la chaleur et du jour, qui a traversé,
sans reproches, des tems difficiles, qui a obligé
beaucoup d'individus, n'a nui à personne, n'a
été ni insolérant, ni traître, ni persécuteur
dont le dévouement et les longs et loyaux
services semblaient mériter un sort plus heureux (1). Vous connaissez les dispositions qui

---

(1) L'administration, dont je n'ai recueilli que des
épines, ne m'a procuré aucuns avantages. Je n'ai à rougir
d'aucunes exactions, d'aucunes vénalités ; mes mains
sont restées pures. Je ne possède aucuns immeubles, et,
sans une somme assez modique, provenant de la succes-
sion de mon frère, qui jouissait d'une honnête aisance,
et placée par moi *à fonds perdu*, je serais privé des
moyens de pourvoir aux premiers besoins de la vie.

m'animent, et vous croirez aisément à la sincérité de mes vœux pour voir promptement dissiper toutes les allarmes qu'éprouvent encore les véritables amis du Roi et de la Patrie. Puissent tous les Français, ne formant qu'une seule famille, se rallier franchement autour du trône du Monarque sage et éclairé, qui veut confondre tous les sentimens dans l'oubli du passé, l'amour du présent, l'espérance de l'avenir, et qui se plaît à reconnaître que celui qui a bien servi son pays, a bien servi son Roi !

Agréez le nouvel hommage du dévouement respectueux avec lequel,

Je ne cesserai d'être,

M. le Comte,

Votre très-humble et très-obéissant serviteur,

L'ex-Sous-Préfet de l'arrondissement d'Yvetot,

Legrand.